AF299472

OBSERVATIONS

SUR

CES DEUX QUESTIONS :

L'hypothèque conférée et inscrite pour sûreté d'un prêt fait de bonne foi au failli dans l'intervalle de la faillite, *reportée* à la faillite *déclarée*, doit-elle être maintenue ? (Articles 444 et 446 du projet.)

Faut-il maintenir l'*agence* en matière de faillite ? (Articles 450, 467, — 461, 466.)

Par M. HORSON,

AVOCAT A LA COUR ROYALE DE PARIS.

PARIS,

IMPRIMERIE DE PAUL DUPONT ET Cᵉ

RUE DE GRENELLE-SAINT-HONORÉ, Nᵒ 55.

1835.

PREMIÈRE QUESTION.

---

*De la nécessité de maintenir l'hypothèque prise pour sûreté
d'un prêt fait de bonne foi, antérieurement au jugement
déclaratif de faillite. (Articles 444 et 446 du projet.)*

Les articles 444 et 446 du nouveau projet de loi sur les
faillites, présenté par le gouvernement, ont pour objet
d'autoriser les tribunaux à maintenir les actes qui seraient
reconnus avoir été passés de bonne foi, par les tiers, avec
le failli, dans l'ignorance du mauvais état de ses affaires,
*et de valider les priviléges ou hypothèques qui seraient la con-
séquence de ces actes.*

La commission de la chambre des députés, tout en sup-
primant, sans doute comme équivoque ou surabondant, la
deuxième partie de l'article 446 du projet du gouvernement,
a accepté le même principe qu'apparemment elle a supposé
suffisamment exprimé par l'article 444.

Il paraît toutefois que la proposition du gouvernement
et de la commission sur ce point doit être attaquée devant la
chambre.

Pour apprécier sainement les deux systèmes qui vont
ainsi se trouver en présence et régler le point de savoir si
toute hypothèque, quelle qu'en soit la cause, devrait être
annulée par cela seul qu'elle aurait été prise postérieurement à la date à laquelle l'ouverture de la faillite se trou-
verait reportée, ou si au contraire il faut laisser aux tribunaux le droit de la maintenir dans le cas où il serait reconnu
qu'elle est le résultat d'un prêt nouveau, fait de bonne foi

et dans l'ignorance où était le prêteur du mauvais état des affaires du commerçant emprunteur, il faut sommairement rappeler le principe de la législation actuelle et les effets qu'il a produits.

Le système de la législation actuelle, système dangereux, parce qu'il est trop absolu, est d'ailleurs simple et facile à saisir : on a supposé que l'ouverture d'une faillite déterminée par une cessation de paiemens et justifiée par des protêts était un fait qui devenait nécessairement *notoire et connu de tous*; partant de cette base, on a autorisé les tribunaux de commerce à reporter l'ouverture de la faillite à la date de cette cessation de paiemens, et on a voulu qu'à partir de là, tous les actes faits par le failli, toutes les hypothèques par lui conférées fussent frappées d'une nullité radicale, absolue, sans qu'il y ait, pour la partie avec laquelle le failli aurait traité, possibilité d'exciper de sa bonne foi. Telle est, à n'en pas douter, la base de notre législation actuelle.

Cette base repose sur une supposition erronée; sans doute, lorsqu'une maison de banque du plus haut rang suspend ses paiemens, le fait devient aussitôt notoire; c'est une sorte d'*événement* que, dans le monde des affaires du moins, personne ne semble avoir pu ignorer : mais ici se présente une réflexion qui frappe tous les esprits, c'est que le Code actuel des faillites semble n'avoir été fait qu'en vue de régler les effets de la cessation des paiemens des grandes maisons de banque et de commerce, tandis que, pourtant, une loi de faillites sagement combinée doit avoir en vue toutes les classes de commerçans, les plus inférieures comme les plus élevées.

Or, je le demande, si un petit fabricant, si un obscur boutiquier suspend ses paiemens et laisse protester ses effets, l'événement deviendra-t-il *notoire pour tous*, dans l'intervalle qui s'écoulera entre les protêts et le jugement déclaratif de la faillite, surtout si, comme cela arrive journellement, cet intervalle se prolonge d'autant plus que le débiteur conservera plus long-temps l'espérance d'éviter, par un arrangement amiable, les inconvéniens et la honte d'une faillite judiciaire ?

Rendons cette réflexion plus sensible par une hypothèse tellement fréquente qu'on pourrait l'admettre comme règle commune : un épicier, un limonadier de Paris ou de toute autre grande ville éprouve de la gêne et laisse protester ses effets ; il possède, de son patrimoine, un immeuble qui n'est pas encore grevé ou qui ne l'est que pour partie ; il s'adresse à ses créanciers, en obtient quelque répit et va chez un notaire pour faire un emprunt sur sa propriété ; le notaire fait prêter par hypothèque, et plus tard, les affaires de l'emprunteur ne s'arrangeant pas, la faillite est déclarée et reportée par le tribunal de commerce à la date des premiers protêts ; peut-on, dans une telle hypothèse, admettre qu'il y ait raison et justice à dire à ce prêteur par hypothèque : « La faillite de votre débiteur se trouve reportée à « une date antérieure au prêt que vous avez fait, et votre « hypothèque tombe ? » Assurément, il y a là quelque chose qui répugne au bon sens, et, pourtant, tel est, je le répète, le principe sur lequel repose notre Code actuel.

Qu'est-il résulté de ce principe si évidemment dangereux ? les contradictions les plus choquantes dans les monumens de jurisprudence ; c'est ce qu'il importe maintenant d'expliquer.

Les tribunaux de commerce, auxquels est confiée la mission de fixer la date de l'ouverture de la faillite, n'ont, pour la plupart, jamais compris le principe dans toute sa sévérité. Ils se sont laissés entraîner à cette idée, que la rétroactivité de l'ouverture de la faillite ne pouvait pas atteindre les actes faits de bonne foi, et qu'elle n'avait pour résultat que de rendre plus facile l'anéantissement des conventions véritablement frauduleuses : aussi les a-t-on presque toujours trouvés très faciles sur l'admission des demandes en report d'ouverture de faillite ; de là les décisions par lesquelles on a vu l'ouverture de certaines faillites reportée à plusieurs mois, plusieurs années même, du jour du jugement qui la proclame.

La Cour de cassation elle-même, effrayée des conséquences absurdes auxquelles conduisait, en présence de telles décisions, l'application rigoureuse du principe de la loi sur l'effet du report de l'ouverture de la faillite, a abondé dans la pensée qui semblait diriger les juges de commerce et déclaré que les actes faits de bonne foi par les tiers dans l'intervalle de la faillite *reportée* à la faillite *déclarée* devaient être respectés. Cette décision, rapportée par tous les arrêtistes, est *équitable*, mais ce n'en est pas moins une violation flagrante du principe du Code actuel, tel que ses rédacteurs l'ont entendu.

Aussi qu'arrive-t-il journellement, malgré la doctrine consacrée par l'arrêt de la Cour de cassation ? Après avoir obtenu du tribunal de commerce le report de l'ouverture de la faillite, on s'adresse aux tribunaux civils et aux Cours royales, et là on demande et l'on obtient, comme conséquence rigoureuse du principe, la nullité d'actes et surtout d'hypothèques acquises de très bonne foi à titre purement civil ; il suffit aussi de consulter les recueils d'arrêts pour reconnaître la vérité de cette assertion.

C'est donc pour mettre un terme à une aussi fâcheuse divergence et surtout pour ramener le principe du report de l'ouverture de la faillite aux seuls effets que la conscience et la raison puissent avouer, que le projet du gouvernement, par ses articles 444 et 446, laisse aux tribunaux la faculté de maintenir les actes et les hypothèques qui en seraient la conséquence, lorsque, contrairement à la présomption de fraude qui les domine, il serait établi qu'il y a eu bonne foi, ignorance de la mauvaise position du débiteur de la part de celui qui aurait traité avec lui et obtenu privilège ou hypothèque à titre onéreux. L'art. 446 du projet du gouvernement contient d'ailleurs une restriction qui semble propre à éviter tout abus, en frappant d'inefficacité toute hypothèque, prise dans l'intervalle de la faillite déclarée à la faillite reportée, *pour dettes antérieures.*

Sans doute il résulte de cette combinaison un certain arbitraire, un droit d'appréciation laissé aux tribunaux en matière de faillite, mais c'est précisément là ce qui, dans mon opinion du moins, ferait le mérite de la rédaction proposée par le gouvernement; car je n'hésite pas à penser que s'il est une législation dans laquelle il faille s'abstenir surtout de principes trop absolus, c'est la législation des faillites, précisément parce qu'elle s'applique à une foule de débiteurs dont les positions diffèrent essentiellement, surtout en ce qui concerne ce qu'on appelle *la notoriété de la suspension des paiemens.*

Une considération m'a toujours frappé, lorsque j'ai été appelé à examiner cette question de validité d'hypothèque en matière de faillite *reportée*, c'est que, avec le système de nullité absolue de l'hypothèque, en cas de report de l'ouverture de la faillite, il est évidemment impossible que l'on puisse faire avec sécurité un prêt hypothécaire à un commerçant; car, à moins qu'il ne soit question d'une de ces maisons de premier rang dont la suspension est un *événement*, rien ne saurait garantir le prêteur le plus prudent, le notaire le plus précautionneux, contre l'existence de protêts, à l'aide desquels plus tard on pourrait faire reporter l'ouverture de la faillite de l'emprunteur, de telle façon que ce commerçant, qui peut-être éviterait sa faillite en fesant ressource de ses immeubles, pourrait être amené à la nécessité de faillir, précisément par la difficulté qu'il éprouverait à les utiliser.

Je sais bien que quelques esprits judicieux s'arrêtent devant la considération qu'une fois le droit d'hypothèque ouvert, pendant l'intervalle de la faillite reportée à la faillite déclarée, des combinaisons fâcheuses pourront avoir lieu dans le but de favoriser quelques créanciers plus actifs et plus exigeans, au préjudice des autres; mais je crois que le remède que l'on veut apporter au mal, en maintenant l'ancien principe, est pire que le mal même, et il me semble que le droit d'appréciation laissé aux tribunaux serait suffisant pour y parer, surtout en présence de la restriction posée dans la première partie de l'art. 446 du projet du gouvernement.

En résumé, de quoi s'agit-il? de savoir si un créancier qui aura de bonne foi compté ses écus à un commerçant, contre une obligation hypothécaire souscrite à son profit, sera privé du bénéfice de son hypothèque, par cela seul que postérieurement on aura reporté l'ouverture de la faillite de l'emprunteur à une date antérieure au prêt : résoudre cette question par la négative, c'est, je le déclare avec la conviction la plus profonde, poser dans la loi d'une manière absolue un principe qui répugne à la raison et à l'intérêt du commerce lui-même.

J'ai dit que la commission, tout en adoptant la proposition du gouvernement, avait cru devoir supprimer comme équivoque et surabondant le dernier paragraphe de l'article 446, par lequel, après avoir établi que nul ne peut acquérir privilége ou hypothèque dans l'intervalle de la faillite reportée à la faillite déclarée, ni même dans les dix jours qui le précèdent, on ajoutait : « Les hypothèques et les « priviléges attachés aux actes dont il est parlé en l'article « 444 suivront le sort de ces actes. »

La commission a pensé sans doute que c'était là une conséquence forcée de l'art. 444 et qu'il était inutile de la rappeler dans l'art. 446, d'autant mieux que du paragraphe supprimé on aurait pu induire, contrairement à la pensée et du gouvernement et de la commission, que l'acte déclaré valable comme fait de bonne foi, d'après l'art. 444, devait être maintenu même sous le rapport des garanties hypothécaires qu'il aurait conférées, encore bien que les garanties auraient été données, pour raison d'une dette antérieure à l'ouverture de la faillite : en d'autres termes, la commission a craint qu'on ne prît la seconde disposition de l'article 446 pour une exception à la règle posée dans la première partie de l'article.

En cela, la commission a bien fait : elle a évité une équivoque fâcheuse; mais il est à craindre que, dans l'état de la rédaction de la commission, cette équivoque n'existe maintenant dans l'art. 444, et il me semble que, pour lever toute incertitude sur ce point, il faudrait, dans l'article 444, après ces mots *Ils ne pourront être déclarés valables*, ajouter ceux-ci : *Sauf l'exception établie par l'art. 446.*

Sous le mérite de cette rectification dans le texte, je me demande en terminant comment il serait rationnellement possible que l'on n'accordât pas à l'art. 444 *l'efficacité complète* que le gouvernement et la commission ont entendu lui accorder. Cet article suppose qu'un prêteur par hypothèque aura établi devant la justice sa bonne foi, son ignorance du mauvais état des affaires du commerçant auquel il aura prêté, et cependant, si l'on admettait la restriction que voudraient faire accueillir les opposans, il faudrait que, par le jugement même qui proclamerait la légitimité de son titre, on le privât du bénéfice de la condition sous la foi de laquelle il aurait prêté, c'est-à-dire l'hypothèque. Il y aurait là, il faut bien le dire, incohérence, contradiction, et mieux vaudrait supprimer l'art. 444 que d'en repousser, quelques lignes plus loin, les conséquences les plus immédiates.

SECONDE QUESTION.

De la nécessité de maintenir l'agence. (Articles 45o , 467 ,
—— 461 , 466 du projet.)

La loi actuelle veut que , dans l'intervalle du jugement
déclaratif de faillite à la nomination des syndics, la faillite
soit administrée par un ou plusieurs agens.

Cette institution avait été maintenue dans le premier projet élaboré au ministère de la justice : le projet définitif du
gouvernement, comme celui de la commission , supprime
l'agence.

Je considère cette suppression comme *impossible*, et je
n'hésite pas à dire qu'elle bouleverse l'économie de la loi
dans ses dispositions les plus essentielles.

Rendons-nous bien compte, dès l'abord, des conséquences
les plus immédiates de la suppression de l'agence. D'après
le projet actuel, le tribunal de commerce rend un jugement
qui déclare la faillite (art. 454); puis, le juge-commissaire
nommé par le jugement dresse, sur les renseignemens qu'il
recueille , un état des créanciers présumés, sur lequel le
tribunal choisit *ultérieurement* les syndics provisoires char-
gés de l'administration de la faillite.

S'est-on parfaitement rendu compte du délai inévitable
qui s'écoulera pour arriver à l'accomplissement de cette
dernière formalité ? Je mets en fait qu'à Paris , par exemple,
huit jours au moins seront employés par le juge-commissaire
à l'espèce d'enquête ayant pour objet la formation de la
liste et à la présentation de cette liste au tribunal.

Ainsi voilà que , pendant huit jours au moins, une faillite
existe sans que qui que ce soit ait *qualité* pour agir dans
l'intérêt de la masse.

Comprend-t-on bien , surtout au début de la faillite , au moment où il s'agit de mettre sous la main de la justice le débiteur , son actif et ses papiers , tous les désordres que peut entraîner cette combinaison? Je crains qu'en la proposant , on ne se soit laissé entraîner au désir, bien louable sans doute, mais peu réfléchi , de changer quelque chose à l'organisation actuelle et de simplifier les rouages.

C'est surtout au moment où la faillite se déclare que la masse a besoin d'être représentée et d'agir avec toute la célérité possible ; et s'en rapporter , à cet égard, aux magistrats agissant d'office , c'est-à-dire au procureur du roi pour la personne du failli , et au juge de paix pour les valeurs et papiers , c'est évidemment manquer le but.

Sous un autre point de vue , la suppression de l'agence rend inexplicable par le fait une disposition capitale du nouveau projet , qui se rattachait intimement, dans la rédaction première , à l'exercice des fonctions de l'agent.

L'expérience a appris que, dans la plupart des faillites du moyen et du petit commerce, l'actif consiste principalement dans la conservation du *fonds de commerce* , et que, pour y arriver, il faut, *au moment de l'apposition des scellés* , prendre des mesures pour que *la boutique reste ouverte* ; sans cela, en effet, que devient l'établissement, *l'achalandage du détaillant* , qui souvent a été acquis par lui moyennant 20,000 fr., 50,000 fr., 100,000 fr., et qui représente dans l'actif une somme égale?

On avait donc entendu qu'au moment même de la déclaration de faillite, le juge-commissaire , *sur la demande de l'agent* , pourrait autoriser le juge de paix à laisser la boutique en état d'exploitation.

Que fait-on par le projet actuel? Comme conséquence de la suppression de l'agence, on transporte (art. 467 du projet) cette mission aux syndics; il est évident que, par là, le but est complètement manqué.

En effet, ce n'est pas après la nomination des syndics que

le juge de paix posera les scellés ; c'est au moment où il recevra l'avis du jugement déclaratif de faillite, et, comme alors il n'existera aucun administrateur pour requérir la non apposition des scellés et continuer l'exploitation, *la boutique sera nécessairement fermée.*

Un tel résultat me paraît tellement dangereux, qu'à mes yeux aucune des améliorations proposées à la législation sur les faillites ne le compenserait.

Je pense donc qu'il faut rétablir l'agence.

Ceci me conduit à une autre réflexion sur l'art. 463 du projet amendé par la commission.

Dans le projet du gouvernement, on avait prohibé toute intervention d'agens ou de syndics salariés ; des exemples récens ne justifient que trop ce sentiment de répulsion.

La commission a pensé que cette prohibition était trop absolue, et pouvait paralyser ou embarrasser l'administration de la faillite à son début ; aussi, amendant l'art. 463, la commission propose d'autoriser la nomination de syndics salariés, dont les fonctions ne pourraient durer plus de quinzaine. On pourrait, ce me semble, en rétablissant l'agence, y appliquer cette faculté et maintenir la prohibition contenue au projet du gouvernement pour le syndicat.

Ce que je viens de dire sur les opérations et les mesures que la faillite exige au moment même où elle est déclarée me conduit à parler des art. 461 et 466 du projet, tels que les a amendés la commission.

Il s'agit de la mise en dépôt de la personne du failli dans une maison d'arrêt pour dettes.

Le projet du gouvernement, rectifiant ou expliquant en cela la loi actuelle, autorisait le ministère public à faire exécuter cette mesure concurremment avec les syndics.

La commission est passée *du tout au tout*, et par son amendement à l'art. 461 elle confère ce droit au ministère public seulement, sauf aux syndics, selon l'art. 463, à l'exercer à son défaut.

Indépendamment de l'ambiguité de rédaction de l'amendement de la commission sur l'art. 466, le système me paraît mauvais.

La détention du failli est d'une nature mixte; elle intéresse et les créanciers et la vindicte publique. Laisser exclusivement au ministère public, au moment où la faillite se déclare, le soin d'exécuter la mesure, c'est manquer le but et assurer la *fuite*, l'*impunité*; car il est évident que dans les cas graves les créanciers agiront plus activement et plus utilement que le ministère public : il était bien de donner au ministère public, comme dans le projet du gouvernement, le droit et même la *mission* d'agir; mais c'est un tort de le retirer aux créanciers, ou du moins d'en ajourner l'exercice en leur personne.

Je pense donc que, rétablissant l'agence, il faut maintenir la rédaction de l'art. 461 du projet du gouvernement et y ajouter *les agens*.

HORSON,
Avocat à la Cour royale de Paris.

NOTE ADDITIONNELLE

sur

LA SUPPRESSION DE L'AGENCE,

Par M. HORSON,

AVOCAT A LA COUR ROYALE DE PARIS.

En étudiant le rapport de la Commission de la Chambre, en ce qui touche la suppression de l'agence, en matière de faillites, on arrive à reconnaître que la Commission ne s'est pas suffisamment rendu compte des délais inévitables qu'entraînerait, non seulement la nomination des syndics provisoires créanciers, dont parle le deuxième paragraphe de l'article 463 du projet, maie celle du syndic provisoire temporaire et salarié, dont il est question dans l'amendement proposé par la Commission, comme disposition additionnelle à cet article.

Il ne faut pas oublier que cette nomination ne peut être faite qu'après que le juge commissaire, nommé par le jugement déclaratif de faillite, est parvenu à dresser et à présenter au tribunal la liste des créanciers présumés, de telle façon qu'inévitablement un intervalle plus ou moins long existera entre le jugement déclaratif de faillite et la nomination de son premier administrateur ; or, c'est là, ainsi que je l'ai dit dans ma première note, qu'est le vice radical du projet actuel.

Entre autres singularités auxquelles conduit cette combinaison, il en est une qui doit frapper tous les esprits et qui ressort du rapprochement des articles 466 et 477 du projet.

Avec l'agence, l'opération de l'apposition et de la levée des scellés est simple; l'agent les fait placer et le syndic les fait lever. Que résulte-t-il de la rédaction actuelle? Aux termes de l'article 466, le syndic fait apposer les scellés, si fait n'a été, et aux termes de l'article 477, il les fait lever *sans délai*, de telle façon que le même administrateur est chargé de défaire le lendemain ce qu'il a fait la veille.

Le gouvernement, dans son projet, avait repoussé, peut-être avec raison, l'intervention des syndics salariés dans les faillites et, de son côté, la Commission les avait admis par son amendement, mais seulement pour une mission temporaire de quinze jours et *en vue*, ainsi que l'explique le rapport de la Commission, *de laisser subsister quelque chose du système du Code sur les agens.*

Tout ceci peut, ce me semble, se concilier d'une manière heureuse et en rétablissant l'économie et l'ensemble du système de la première rédaction si malheureusement détruite; c'est de rétablir l'agence, en accordant, pour cette agence seulement, la faculté de choisir en dehors de la liste des créanciers présumés.

Du reste, je m'empresse de convenir que le projet actuel, en ce qui touche le mode de nomination des syndics, me paraît préférable et au mode de la loi actuelle et à celui qui avait été proposé par la commission ministérielle.

Les abus de la loi actuelle sur ce point sont flagrans ; ils sont reconnus par tout le monde, et le rapport de la Commission ne les a point exagérés.

D'après le projet rédigé par la commission ministérielle, les créanciers devaient être nécessairement convoqués pour dresser une liste de présentation ; mais comme ce mode, si on ne l'eût amélioré, conduisait à la reproduction des mêmes abus, la commission ministérielle proposait d'autoriser le juge commissaire à adjoindre d'office à la liste de présentation, sur laquelle le tribunal devait choisir, un certain nombre de candidats pris parmi les créanciers.

Mais indépendamment de ce qu'il en résultait une convocation inévitable de créanciers, avec les frais et les lenteurs que cette formalité entraîne, il était difficile de ne pas apercevoir que le juge commissaire et le tribunal, par suite, restaient, en définitive, maîtres des choix.

Le projet actuel aborde plus franchement la question, en conférant directement la nomination au tribunal, sur la liste dressée par le juge commissaire ; c'est le mode réel de la commission ministérielle, avec des frais et des lenteurs de moins.

Il me semble, toutefois, qu'il serait bien d'accorder au juge commissaire, avant de faire la présentation, *la faculté* de convoquer les créanciers pour les consulter ; dans les faillites de quelque importance, cette mesure serait convenable et produirait de bons effets.

HORSON.

www.ingramcontent.com/pod-product-compliance
Ingram Content Group UK Ltd.
Pitfield, Milton Keynes, MK11 3LW, UK
UKHW020201080726
13614UKWH00006B/2598